퀴 즈 로 한 국 사 통 달

가로세로 낱말퍼즐

한국사편 시즌2

짱아찌 지음

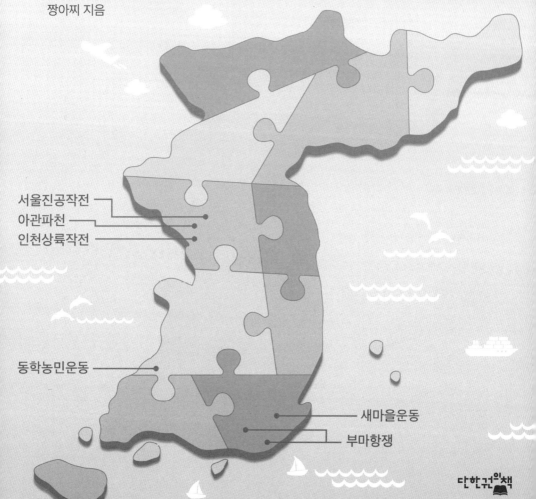

서울진공작전
아관파천
인천상륙작전

동학농민운동

새마을운동
부마항쟁

단한권의책

퀴즈로 한국사 통달
가로세로 낱말 퍼즐 - 한국사편 시즌2

발행일   2022년 2월 28일

지은이   짱아찌
펴낸이   장재열
펴낸곳   단한권의책
         출판등록 제25100-2017-000072호 (2012년 9월 14일)
         주소 서울시 은평구 서오릉로 20길 10-6
         팩스 070-4850-8021
         이메일 jjy5342@naver.com
         블로그 http://blog.naver.com/only1books

ISBN 979-11-91853-08-7 03910
값 7,200원

CONTENTS

가로세로 낱말 퍼즐

한국사편 시즌2

가로

1. 후렴에 '000'이란 말이 들어 있는 대표적인 민요. 일본제국의 폭정을 겪은 민족의 울분이 녹아 있다.

2. 어떤 물체에서 어떤 물체까지의 거리나 공간. 대전과 대구 00.

4. 00 열사는 1902년에 태어나 18세에 일본에 건너가 흑도회·흑우회 등의 단체를 이끌었다. 1923년 관동대지진 때 조선인 학살 와중에 일본 국왕을 폭살하려 했다는 혐의로 구속되어 22년이 넘는 옥살이를 했다. 1946년 일본 형무소 뒤쪽에 버려진 윤봉길, 이봉창, 백정기 3열사의 유해를 고국으로 모셔왔다.

6. 평민 출신 항일 의병장. 신출귀몰한 전략으로 수많은 전과를 올려 이후 평민 출신들이 의병활동과 독립운동에 대거 참여하게 했다. 1878년 출생으로 1908년 평해 등지에서 일본군을 격파했다. 1908년 11월 믿었던 부하의 손에 살해당했다.

7. 중국 사람이 자기 민족을 세계의 중심이라고 생각하며 우월성을 자랑해온 사상.

8. 평범한 사람을 이르는 말.

10. 자국의 이익이나 국가 안보를 지키기 위해 타국과의 통상과 교역을 금지하는 정책.

12. 약자가 강자를 섬김. 00주의.

13. 마르크스 · 레닌주의를 신봉하는 공산주의자들로 이루어진 정당.

14. 사람의 두 팔과 두 다리를 통틀어 이르는 말.

세로

1. 열대와 온대의 중간 지대.

3. 000은 1900년 서울 출생으로 호는 철기(鐵驥). 독립운동가로 활약했고, 청산리 전투에서 지휘관으로 활약했다. 1948년 대한민국 초대 국무총리와 국방부장관을 겸임했다.

5. 가르치고 이끌어서 좋은 방향으로 나아가게 함.

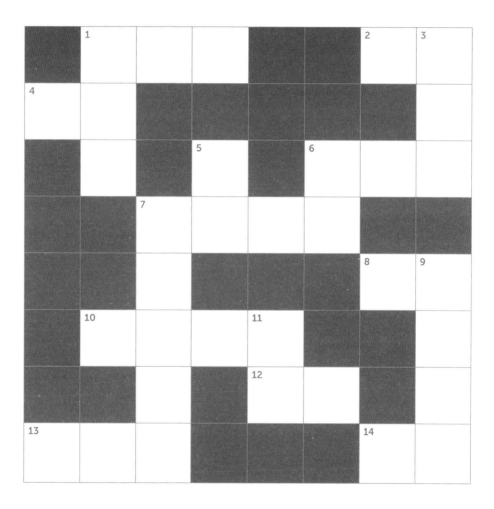

6. 한 사람의 몸이나 처신.

7. 1919년 삼민주의 이념 아래 쑨원을 중심으로 결성된 중국의 정당. 1927년 난징
 에서 국민 정부를 수립, 1949년에 타이완으로 정부를 옮겼다.

9. 사람이 마땅히 갖추어야 할 네 가지 성품을 이르는 말.

11. 남을 도와 꾀를 내는 사람.

가로

1. 000(1900~1951)은 소설가로, 1919년 한국 최초의 순문예 동인지 〈창조〉를 간행했다. 1938년 2월 〈매일신보〉에 글을 쓰면서부터 일본제국주익에 협력하는 글을 쓰기 시작했다. 작품에 《배따라기》, 《감자》 등이 있다.

3. 세습 군주가 나라를 통치하는 정치 제도.

6. 000(1888~1957)은 1913년 일본 육군사관학교 졸업 후에 장교로 일하다가 1919년 만주로 망명했다. 독립군 양성에 힘썼으며, 1920년 서로군정서가 조직되자 간부로 취임했다. 1940년 충칭으로 옮긴 임시정부의 광복군 총사령관에 임명되었다.

7. 이름난 승려를 지칭하는 말.

9. 조선 시대에 '천주교'를 이르던 말.

11. 임진왜란을 승리로 이끈 명장 이순신 장군의 좌우명. 명량해전에 나가기 하루 전에 온전히 마음을 담아서 "0000, 0000"라는 휘호를 썼다.

13. 말을 알아듣는 꽃, 미인을 빗대어 이르는 말.

세로

2. 사상, 취미 따위가 같은 사람들끼리 모여 편집하여 발행하는 잡지.

3. 동시대에 여기저기에서 일어난 영웅들.

4. 1919년 4월, 일본군이 경기도 화성시 향남면 00리에서 주민을 집단 학살한 사건.

5. 하늘의 뜻을 앎. 《논어》 〈위정편〉에서 유래했다.

8. 프랭크 윌리엄 스코필드(Frank W. Schofield)는 영국의 의학자이자 선교사로, 1916년 세브란스 의학전문학교 교수로 왔다. 일제강점기 일제의 만행을 외국에 알렸다. 그의 한국식 이름은 000.

10. 어떤 일에 참여함.

1	2		■	■	3		4
■		■	5	■		■	
■	6			■	■	■	
■	■	■	7	8	■	9	
■	10	■	■		■	■	■
11			12				
	■	■		■	■	■	
■	■	■	13				■

11. 붓과 벼루를 아울러 이르는 말. 예 : 00을 갖고 오너라.

12. 삶과 죽음이 육도에 윤회하여 끝이 없음을 가없는 바다에 비유해 이르는 말.

가로

1. 조선 제26대 임금인 고종의 아버지이자 정치가.

4. 군사력과 경제력으로 다른 나라나 민족을 정벌해 식민지로 삼는 침략주의적인 국가 정책.

6. 일본 관동군이 1931년에 만주사변을 일으킨 후 이듬해 만주에 세운 괴뢰 정권 국가. 관동군의 꼭두각시 노릇을 하다가 1945년 일본이 세계대전에서 패전해 중국에 반환될 때까지 존재했다.

8. 전남 여수와 제주도 사이에 위치한 다도해 최남단의 섬. 1885~1887년에 영국이 러시아의 조선 진출을 견제한다는 명분으로 000를 불법 점령한 적이 있다.

9. 0000은 대한제국이 외교권을 박탈당한 후 1909년에 일본이 청나라와 체결한 불법 조약. 일본이 남만주의 철도 부설권을 얻는 대신 00를 청나라 영토로 인정하고 할양했다.

10. 19세기 후반 일본 에도 막부를 무너뜨리고 중앙 집권적인 통일 국가를 이루어 일본 자본주의 형성의 기점이 된 변혁 과정.

11. 부부의 한쪽에서 본 다른 쪽. 남편 쪽에서는 아내를, 아내 쪽에서는 남편을 가리킨다.

세로

2. 1897년 10월, 일본의 위협을 피해 러시아 공관에 머물던 고종이 1년 만에 경운궁으로 돌아와 스스로를 왕에서 황제로, 조선을 제국으로 바꾸고 광무를 연호로 삼으며 세운 제국.

3. 1876년 2월 000에서 조선과 일본이 체결한 조약. 일본의 강압에 의해 맺은 불평등 조약. 일본이 000에서 운요호 사건을 일으킨 사건이 빌미가 되어 체결되었다.

5. 정의를 위하여 개인이나 집단이 의로운 일을 도모함.

The crossword grid is filled with numbered cells:
1, 2, 3, 4, 5, 6, 7, 8, 9, 10, 11

7. 구슬 따위를 꿰어 만든 발.

9. 간사한 신하의 무리.

가로

2. 000는 1907년 무렵 일제가 보안법, 신문지법 등을 만들어 반일 색채를 띤 계몽 운동을 탄압하자, 사회계몽 운동가들이 국권회복을 위해 비밀리에 조직한 단체. 안창호, 이동녕, 이승훈 등이 가담했다.

3. 0000이란 1910년에 대한제국과 일본 사이에 0000조약을 맺은 사건을 말한다. '국권피탈', '경술국치'라고도 한다.

4. 마음에 사무치게 느낌.

5. 어떤 일이나 사건이 여러 사람이 서로 다투는 일의 중심이 됨. 또는 그렇게 함.

8. '밥 열 술이 한 그릇이 된다'는 뜻. 여러 사람이 조금씩 힘을 합하면 한 사람을 돕기 쉬움을 이르는 말.

10. '푸른 하늘에 쨍쨍하게 빛나는 밝은 태양'이란 뜻으로, 세상에 아무런 부끄럼이나 죄가 없이 결백함을 이르는 말.

11. 상업 활동에서 지켜야 할 도덕. 특히 상업자들 사이에서 지켜야 할 도의를 뜻한다.

12. 1868년 평안북도 양덕 출신으로 구한말 독립운동가, 만주 대한독립군 총사령군. 봉오동 전투에서 독립군 최대의 승전을 이루고 청산리 전투에 연대장으로 참가했다. 2021년 8월 장군의 유해가 서거 78년 만에 고국으로 돌아와 봉안되었다.

세로

1. 1904년 2월 일본이 뤼순 군항을 기습 공격하면서 시작된 전쟁.

2. 0000란 '독립할 능력이 없는 나라를 강대국이 일정 기간 대신 통치해주는 것'을 말한다. 8·15 광복 후 한국은 5년 동안의 0000가 논의되었지만 국민의 반대로 이루어지지 않았다.

6. '열흘 붉은 꽃이 없다'는 뜻으로, '한 번 성한 것이 얼마 못 가서 반드시 쇠함'을 이르는 말.

	1				2		
3							
				4			
	5		6				
7			8			9	
10						11	
			12				

7. 관청에서 근무를 마치고 퇴근함.

9. 양반과 상사람을 아울러 이르는 말.

가로

1. 대한제국과 일본 병합의 기초를 구축한 일본의 정치가. 안중근 의사의 총에 암살되었다.

4. 추첨이나 상대편의 기권 따위로 경기를 치르지 않고 이기는 일.

5. 자연수를 정사각형 모양으로 배치해 가로, 세로, 대각선으로 나열된 각각의 수의 합이 전부 같아지게 만든 것.

7. 00 선생은 벼슬생활을 하다가 일제의 침략이 심해지자 1904년 '유신회'라는 비밀단체를 조직해 활동했다. 1910년 7월, 단군교를 '대종교'로 개명하고 대종교의 창시자가 되었다. 일제의 탄압이 심해지자 중국 화룡현으로 총본사를 옮기고 활동을 계속했다. 김좌진, 박은식 등 수많은 독립운동가를 배출했다.

8. 어떤 것에 지나치게 몰입하여 정신을 못 차리는 지경이 됨.

10. 1905년 을사늑약 체결 당시, 조약에 찬성해 서명한 다섯 대신. 박제순(외부대신), 이지용(내부대신), 이근택(군부대신), 이완용(학부대신), 권중현(농상부대신).

12. 중국 길림성에 있는 00자치주. 조선 말 우리나라 사람들이 이주해 개척했다.

세로

1. 000(1864~1930) 선생은 평안북도 정주 출생으로, 1907년 우연히 도산 안창호의 강연을 듣고 민족을 위해 일하겠다는 결심을 했다. 비밀결사 신민회에 가담하고, 오산학교를 개교해 민족운동의 원천이 되게 했다. 기독교인으로서 민족대표 33인에 참가했다.

2. 일본 주고쿠 지방의 항구 도시. 청일 전쟁 이래 군사 도시로 발전했다가 1945년 8월 원자 폭탄이 투하되어 20만 명의 사상자가 발생했다.

3. 임금의 사위를 지칭하는 말.

6. 000은 1899년 서울 출생. 1921년 '어린이'라는 단어를 공식화했고, 1923년에 잡지 〈어린이〉를 창간했으며 한국 최초로 어린이날을 제정했다.

7. 일본 규슈 0000현의 현청 소재지. 메이지 시대에 미쓰비시 중공업과 0000 조선소가 세워져 근대화되었다. 1945년 원자 폭탄의 피해를 입었다.

9. 대한제국 때의 언론인(1864~1921)으로 경북 상주 출생. 〈황성신문〉 사장을 지냈으며, 을사조약이 체결되자 '시일야방성대곡'이라는 사설을 썼다.

11. 요점을 뽑아 적어놓음. 또는 그 기록.

위안부

제2차 세계대전 동안 일본군의 성적 욕구를 해소하기 위한 목적으로 강제적이거나 집단적으로, 일본군의 기만에 의해 징용 또는 납치, 매수 등 다양한 방법으로 동원되어 일본군을 대상으로 성적인 행위를 강요받은 여성을 말한다. 일본에서는 '종군 위안부'라고 일컫는다. 1994년 8월 일본의 무라야마 도미이치 내각총리대신이 위안부에 대해 사죄의 담화를 냈고 1996년에 하시모토 류타로 총리가 사죄의 편지를 보낸 바 있다. 아울러 이 문제가 샌프란시스코 평화조약이나 양국 간 각종 조약으로 법적 해결이 완료되었다고 주장했다. 그러나 대한민국의 위안부 피해자들은 일본 정부의 사과와 진상 규명, 적절한 배상, 책임자 처벌 등이 이루어지지 않은 것에 대해, 1992년부터 현재까지 일본 대사관 앞에서 매주 수요일마다 이에 항의하며 수요집회를 열고 있다.

위안부 모집에 관한 명령서
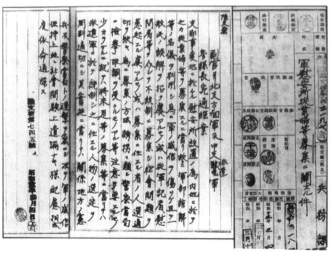

* 출처-위키백과

뮤지컬 〈영웅〉

1909년 10월 하얼빈 역에서 이토 히로부미를 저격한 안중근 의사의 마지막 1년을 그린 뮤지컬 〈영웅〉은 안중근 의사 의거 100주년이던 2009년에 처음 무대에 올랐다. 이 작품은 안중근의 일생 중 1909년 단지동맹이 체결되고 이토 히로부미를 살해한 후 여순 감옥에서 형장의 이슬로 사라질 때까지의 시기를 작품화했다. 안중근이 11명의 동지들과 결의를 다지기 위해 단지 동맹을 맺고 이토 히로부미를 저격한 후, 옥중에서 《동양평화론》을 집필하는 주요 스토리는 역사적 사실에 근거하고 있지만 극적 재미를 위해 가상 드라마를 첨가했다. 한국인이라면 누구나 존경하고 사랑할 수밖에 없는 안중근이라는 캐릭터의 힘을 바탕으로 변함없는 관객들의 사랑을 받고 있다.

다큐멘터리 〈주전장〉

일본 우익들의 협박에도 겁 없이 일본군 위안부 문제의 소용돌이에 스스로 뛰어든 일본계 미국인 미키 데자키 감독이 한국·미국·일본 3개국을 넘나들며 3년에 걸친 추적 끝에 숨 막히는 승부를 담아낸 다큐멘터리이다. 2019년 7월에 개봉되었다. 일본군 위안부 문제에 대한 역사 교육의 부재로 인해 이에 대한 인식이 전무하거나, 일본 우익들의 주장을 토대로 한 부정적인 시각이 대부분인 일본 내에서 일본군 '위안부' 이슈를 둘러싼 유례없는 논쟁을 불러일으켰다. 한국에서도 개봉되어 많은 사람들의 뜨거운 호응을 얻었다.

가로

3. 1907년 고종이 네덜란드 수도에서 개최된 제2회 만국평화회의에 00000를 파견해 일제에 의해 강제 체결된 조약의 불법성을 폭로하고 한국의 주권 회복을 열강에 호소했다.

5. 간사한 꾀로 남을 속여 희롱함. 중국 송나라 때 고사로, 먹이를 아침에 세 개, 저녁에 네 개씩 주겠다는 말에 원숭이들이 적다고 화를 내더니 아침에 네 개, 저녁에 세 개씩 주겠다는 말에는 좋아했다는 데에서 유래.

6. 남몰래 약속함. 또는 그렇게 한 약속.

7. 그릇된 일을 다스려 바로잡음.

8. 전남 보성 출신 독립운동가. 김옥균 등과 개화파의 일원으로 갑신정변을 일으켰으나 실패해 일본을 거쳐 미국으로 망명했다. 〈독립신문〉을 발간하고 독립협회를 결성했다.

10. 1894~1896년에 3차에 걸쳐 추진된 개혁 운동. 구 문물제도를 근대화시키는 등 사회·정치·경제 전반에 걸쳐 정책이 시행되었다.

세로

1. 1905년 러일 전쟁에서 승리한 일본이 대한제국의 외교권을 박탈하기 위해 강제로 체결한 조약. 공식 명칭은 '한일협상조약'.

2. 1895년 일본 자객들이 경복궁을 습격해 명성황후를 죽인 사건.

4. 대한민국 초대 대통령. 1910년 미국에서 철학박사 학위를 받았다. 해방 후 귀국해 1948년 대한민국 초대 대통령에 취임했다. 불법적인 개헌과 부정 선거를 감행했다가 4·19 혁명이 일어나자 하와이로 망명했다.

6. 남몰래 사정을 살핌. 또는 그런 사람.

7. '무슨 일이든 결국 옳은 이치대로 돌아간다'는 뜻의 고사성어.

9. 군대에서 편성된 대열.

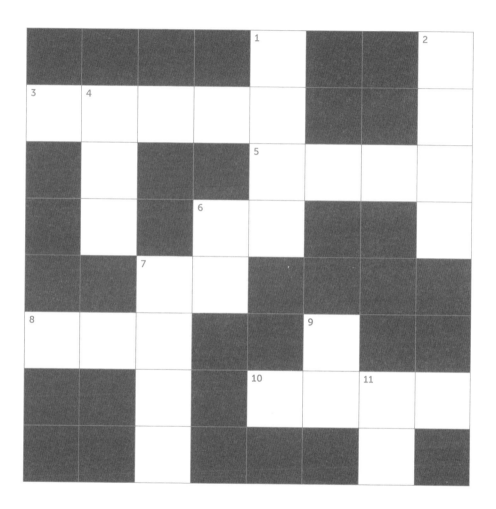

11. 항구를 열어 외국과 통상하는 일. 우리나라는 19세기 후반에 쇄국의 문호가 열리고 외국과 통상을 시작했다.

가로

1. 1902년 충남 천안에서 태어나 이화학당에 재학 중이던 1919년 3월 1일 만세운동에 참여한 독립운동가. 혹독한 고문을 받다가 18세의 나이에 순국했다.

4. 식물성 섬유를 원료로 만든 얇은 물건. 주로 글을 쓰거나 그림을 그리거나 인쇄를 하는 데 쓴다.

6. 둘 사이에 마음이 서로 맞지 않아 항상 충돌함.

7. 두 개 또는 그 이상의 회전축 사이에 동력을 전달하기 위해 축에 끼운 원판 모양의 회전체에 같은 간격의 돌기를 만들어 서로 물리면서 돌아가 동력을 전달하는 장치.

9. 피륙을 여러 폭으로 이어서 빙 둘러치는 장막.

11. 일본이나 일본인에 대해 느끼는 반감을 '00 감정'이라고 한다.

12. 모든 제도화된 정치조직·사회적 권위를 부정하는 무정부주의자를 말함. 권력 또는 통치의 부재(不在)를 뜻하는 고대 그리스어 'an archos'에서 유래.

14. 000는 일제강점기의 독립운동가이자 시인. 중국 연변 용정에서 출생해 명동학교와 숭실중학교, 연희전문학교를 졸업했다. 일본 유학 후 도시샤 대학 재학 중에 항일운동을 했다는 혐의로 체포되어 후쿠오카 형무소에 투옥, 100여 편의 시를 남기고 27세의 나이에 요절했다. 시집에 《하늘과 바람과 별과 시》가 있다.

세로

1. 미리 준비되어 있으면 걱정할 것이 없음.

2. 고종과 명성황후의 아들로 대한제국 제2대이자 마지막 황제.

3. 대한민국의 국기.

5. 000(1873~1935)는 대한제국의 군인, 정치가, 독립운동가. 구한말 애국 계몽운동과 의병 운동을 이끌었고 북간도, 연해주 등에서 전도사로 활동했다. 아호는 성재이며 '대자유'라는 호를 사용하기도 했다.

1		2					3	
		4	5		6			
						7	8	
			9					
	10							
11			12	13				
14								

8. 0000 00은 대한제국에서 활동한 영국 출신의 언론인이자 신문기자. 〈대한매일신보〉를 창간해 독립운동에 영향을 끼쳤다.

10. 1919년 3월 1일을 기점으로 일본의 식민 통치에 저항해 봉기한 항일 독립운동.

13. 한국 최초의 여류화가. 그림과 글, 시 등 다방면에 재주를 갖춘 근대 여성이었다.

가로

1. 1895년 4월, 청일 전쟁에서 승리한 일본이 청나라와 체결한 조약. 이 조약으로 일본은 조선에 대한 정치·군사·경제적 지배권을 확립하는 기회를 얻었다.

3. 000(1835~1908)는 청나라 말기의 독재 권력자로 함풍제의 세 번째 황후였다. 함풍제가 죽은 후 47년 동안 정치 실권을 쥐었다.

5. 싸우던 두 편이 싸움을 그치고 평화로운 상태가 되기 위해 맺는 조약. 00조약.

6. '맑게 갠 하늘에서 치는 날벼락'이라는 뜻으로, 뜻밖에 일어난 큰 변고나 사건을 이르는 말.

7. 조선 고종 때 우리나라 최초로 만들어진 신식 군대. 구식 군대에 비해 좋은 대우를 받았고, 이로 인해 구식 군대의 불만을 사 난이 일어났다.

9. 0000은 청나라 말 관료의 주도로 일어난 군사 중심의 근대화운동. 유럽의 근대 기술을 도입해 봉건체제를 유지, 보강하려 했지만 사회, 정치 체제의 근대화에 소홀해 약점을 드러냈다.

10. 조선 말기 종교사상가로 민족 고유의 경천사상을 바탕으로 유(儒)·불(佛)·선(仙)과 도참사상, 후천개벽사상 등의 민중 사상을 융합하여 동학(東學)을 창시한 인물.

세로

1. 시와 그림을 아울러 이르는 말.

2. '약한 자가 강한 자에게 먹힌다'는 뜻의 사자성어.

4. 청나라 말 홍수전이 창시한 그리스도교 비밀 결사를 토대로 1851~1864년에 청조 타도와 새 왕조 건설을 목적으로 일어난 농민 운동.

8. 고려·조선 시대에, 하지(夏至)가 지나도록 비가 오지 않을 때 비 오기를 빌던 제사.

가로

1. 조선 제26대 왕이자 대한제국 제1대 황제.

2. 1896년에 창간된 한국 최초의 근대 신문.

4. 대한제국의 교육개혁 운동가, 애국계몽 운동가. 평안남도 강서군 출신으로 호는 도산(島山), 배우고 익히는 것의 중요성을 설파했다. 1913년 흥사단을 조직했다. 미국 망명 후에 미국에서 활동했으며 1919년 임시정부가 수립되자 임시정부에 참여했다. 점진학교, 대성학교 등을 설립했다.

5. 물품이나 돈 따위로 도와줌.

7. 몸소 체험하여 알게 됨.

8. 나라를 위하여 싸우다가 죽은 열사.

10. 러시아 영토로 두만강 위쪽 동해에 인접한 곳. 대표적인 도시는 블라디보스토크. 1914년 대한광복군 정부가 활동했다.

11. 조선시대 청나라 사신을 영접하던 건물을 허물고 1897년 독립협회가 세운 건물. 높이 15미터로 파리 개선문을 본떠 만들었다.

13. 정치·군사적 목적을 이루기 위해 무장 집단이 조직적으로 벌이는 군사 행동.

세로

1. 고립되어 구원을 받을 데가 없음.

3. 독립운동가이자 사학자, 사회주의적 아나키스트로 호는 단재(丹齋). 구한말부터 언론 계몽운동을 하다가 망명, 1919년 대한민국 임시정부에 참여했다. 1936년 2월 뤼순 감옥에서 순국했다. 《조선상고사》, 《조선상고문화사》 등을 썼다.

4. '어찌 그러하지 않겠느냐'라는 뜻으로, 마땅히 그러할 것임을 이르는 말.

6. 일본제국이 1945년 패망할 때까지 식민 통치를 수행하고 민족운동 탄압과 수탈을 지휘했던 통치기구.

9. 조선 시대에 후궁에게서 난 딸을 이르던 말. 덕혜00는 조선의 마지막 00였다.

12. 문관과 무관을 아울러 이르는 말.

가로

2. '공교(孔敎)', '공자교(孔子敎)'라고도 한다. 인(仁)을 최고의 이념으로 삼고 있으며, 수천 년 동안 동양사상을 지배해왔다.

3. 000(1879~1910)은 대한제국의 항일의병장 겸 정치 사상가이다. 1909년 10월 26일 하얼빈 역에서 이토 히로부미를 사살하고, 이듬해 뤼순 감옥에서 사형 집행되었다.

6. 일본의 무정부주의자로, 독립운동가 박열 의사의 부인.

9. 스키를 탈 수 있는 시설을 갖추어 놓은 곳.

11. 일본식 씨름. 두 사람이 서로 맞잡고 넘어뜨리거나, 씨름판 밖으로 밀어내며 겨루는 경기.

13. 독립운동가이자 정치가. 호는 우사. 1910년 국권 박탈 후에 해외로 망명했다. 상하이 임시정부에서 외무총장으로 활동했다. 1940년 임시정부 부주석이 되어 광복군 양성에 힘썼다. 1948년에 김구와 함께 남북 협상을 시도했으나 실패했다. 6·25 전쟁 중에 납북되었다.

세로

1. 일제강점기에 독립군들이 부르던 작자 미상의 군가.

2. 0000는 교육·과학·문화 등의 분야에서 국제 이해와 협력을 촉진해 세계 평화와 인류 발전을 증진시키기 위해 만들어진 유엔 기구이다.

4. 지나치거나 모자라지 않고 한쪽으로 치우치지 않은, 떳떳하며 변함이 없는 상태.

5. 서울시 종로구 평동에 있는 건물. 백범 김구가 환국 후에 머물러 살다가 암살된 곳.

7. 일본에서 가장 높은 산. 원추형 모양이고 정상 부근은 1년 내내 눈이 쌓여 있다.

8. 국화과의 한해살이풀로 멕시코가 원산지. 가을에 흰빛, 분홍빛 등의 꽃이 핀다.

9. 한국 영화의 선구자. 1918년에 만주 간도의 명동중학에 입학했으나 일제의 탄압으로 학교가 폐교되자 독립운동 활동을 했다. 1924년 영화 〈농중조〉에 출연,

배우로서 명성을 떨쳤다. 1926년 직접 각본과 감독, 주연을 겸한 무성 영화 〈아리랑〉을 제작해 영화사에 큰 획을 그었다. 작품으로 〈금붕어〉, 〈들쥐〉, 〈벙어리 삼룡〉 등이 있다.

12. 예의를 차리거나 추위, 먼지 등을 막기 위해 머리에 쓰는 것.

강제징용

일제가 조선인을 강제노동에 동원하여 종사하게 한 일. 중국 침략 전에는 조선의 값싼 노동력을 '모집'해 일본의 토목공사장, 광산 등에서 집단 노동을 하게 했으나, 중일전쟁(1937) 후에는 국가총동원법을 공포하고 국민 징용령을 실시하며 강제 동원에 나섰다. 1939~1945년까지 강제 동원된 조선인은 113만~146만 명에 이르는 것으로 조사되었다. 이들은 주로 탄광, 금속광산, 토건공사장 등에서 가혹한 노동을 하며 혹사당했다.

강제징용된 조선인은 공사 후 기밀 유지를 위해 집단 학살당하기도 했는데, 평양 미림비행장 노동자 800여 명, 지시마 열도 노동자 5,000여 명이 집단 학살된 것이 대표적인 예이다. 일본 정부는 1990년 6월 강제징용 한국인이 66만 7,648명이라고 공식 발표했을 뿐, 이에 대한 어떤 보상도 외면하고 있다.

강제징용의 가장 대표적인 장소
군함도 전경

영화 〈암살〉

1933년 상하이와 경성을 배경으로 친일파 암살 작전을 둘러싼 독립군과 임시정부 대원, 그들을 쫓는 살인청부업자들의 이야기를 다룬 영화.

대한민국 임시정부는 조선주둔군 사령관과 친일파 강인국(이경영)을 암살하는 작전을 꾸민다. 임시정부의 경무국 대장 염석진(이정재)은 이 작전을 위해 일본 쪽에 노출되지 않은 대원 세 명, 즉 한국 독립군 저격수 안옥윤(전지현)과 신흥무관학교 출신 '속사포(조진웅)', 폭탄 전문가 황덕삼(최덕문) 등을 부른다. 그러나 한쪽에서는 이들 대원을 노리는 인물이 살인청부업자를 고용하고, 살인청부업자인 '하와이 피스톨(하정우)'과 그의 파트너(오달수)는 대원들을 뒤쫓는다. 2015년 청룡영화상에서 최우수작품상과 기술상을, 제52회 대종상영화제에서 여우주연상(전지현)을 수상했다.

영화 〈밀정〉

일제강점기 의열단의 실화를 바탕으로 한 영화로, 2016년에 개봉되었다.

1920년대 조선인 출신 일본 경찰 이정출(송강호)은 무장독립운동 단체 의열단의 뒤를 캐라는 특명으로 의열단의 리더 김우진(공유)에게 접근하고, 한 시대의 양 극단에 서 있는 두 사람은 서로의 정체와 의도를 알면서도 속내를 감춘 채 가까워진다. 출처를 알 수 없는 정보가 쌍방 간에 새어나가고 누가 밀정인지 알 수 없는 가운데, 의열단은 일제의 주요 시설을 파괴할 폭탄을 경성으로 들여오기 위해, 그리고 일본 경찰은 그들을 쫓아 모두 상해에 모인다.

실존 인물과 실화를 바탕으로 만들어져서 더욱 많은 사람들에게 감동을 주었다.

가로

1. 1920년 10월 21~26일, 김좌진이 이끄는 북로군정서군과 홍범도가 이끄는 대한독립군 등이 주축이 된 독립군 부대가 만주에서 일본군을 대파한 전투.

3. 에도 막부 말기에서 메이지 초기에 일본에서 등장한 조선 침략론.

5. 구한말 농민 운동가이자 동학의 종교 지도자. '녹두장군'으로 불렸다.

7. 1860년 최제우가 창시한 민족 종교. 기일원론(氣一元論)과 후천개벽(後天開闢) 사상, 인내천(人乃天) 사상을 특징으로 한다. 2대 교주인 최시형이 교단과 교리를 체계화했다. 1905년 천도교로 개칭했다.

9. 대한민국 국가. 작사자는 윤치호 또는 안창호로 추정된다.

11. 예전에 국가에 소속되어 있던 정규 군대.

12. 위화도 회군 후에 이방원이 정몽주의 마음을 떠보려고 읊은 〈하여가〉에 정몽주가 답해 부른 시조.

14. 1919년 제1차 세계대전 후 열린 파리 강화회의에서 미국 대통령 윌슨이 제창한 사상. 한 민족이 그들 국가의 독립을 스스로 결정짓게 하자는 원칙을 말한다.

세로

1. 1894~1895년 조선의 지배를 둘러싸고 청나라와 일본 간에 벌어진 전쟁.

2. 무엇이 모자라거나 못마땅해 떼를 쓰며 조르는 일.

4. 대한민국 임시정부가 1931년 중국 상하이에서 조직한 항일독립운동 단체. 일본의 주요 인물을 암살하려는 목적으로 조직되었다. 이봉창, 윤봉길이 단원으로 활동했다.

6. 재주와 슬기, 용모가 빼어난 아이.

8. 000은 '학도의용군'이라고도 하며 학생 신분으로 전쟁에 참가한 병사를 말한다.

10. 일정한 거처 없이 이리저리 떠돌아다니는 백성.

13. 남의 보호나 간섭을 받지 아니하고 자기 일을 스스로 처리함.

Q12

가로

1. 명성황후가 시해된 이후 신변에 위협을 느낀 고종이 1896년 2월부터 약 1년간 궁을 떠나 러시아 공관에 옮겨 거처한 사건.

3. 광복 후부터 1948년 대한민국 정부 수립까지, 미군이 남한 지역에서 행한 군사 통치.

5. 어떤 종교나 종파를 처음 세운 사람, 또는 한 종교 단체의 우두머리.

7. 도를 닦는 아이.

9. 서로 자기 의견을 주장하며 다툼.

11. '비단옷을 입고 기운 옷을 덧입는다'는 사자성어. 군자는 미덕을 간직하고 있어도 겉으로 드러내지 않음을 이르는 말.

12. 마음속에 지니고 있는, 미래에 대한 계획.

15. 동아일보가 일제의 식민통치에 저항하기 위해 일으킨 농촌계몽운동의 하나.

세로

1. 1840년 아편 문제를 둘러싸고 청나라와 영국 사이에 벌어진 전쟁.

2. 동학을 바탕으로 한 종교. 인격적이며 초월적인 유일신 한울님을 신앙의 대상으로 하며, 천인합일(天人合一)의 인내천(人乃天) 사상을 기본으로 삼는다.

4. 일본 나가사키 근처에 위치한 섬. 1940년대 조선인 강제 징용이 대규모로 이뤄진 곳으로 2015년 유네스코 세계유산에 등재되면서 논란이 되었다.

6. 000(1876~1914)은 언어학자이자 국문학자. '한글'이라는 낱말을 만들어 한글 체계를 정립하고 보급했다.

8. 1894년에 동학교도 전봉준이 중심이 되어 일으킨 반봉건·반외세 운동.

10. 조선 시대의 관아. 임금의 명령을 받들어 중죄인을 신문하는 일을 맡았다.

12. 조선 시대에 범죄자를 잡거나 다스리는 일을 맡아보던 관아.

13. 어떤 일이나 사물 현상이 일어나는 바로 그때.

1			2		3	4	
			5	6		7	8
9	10						
	11						
12							
			13		14		
		15					

14. 어떤 사회나 계급, 직업 따위에서의 규약이나 관례.

가로

1. 몰래 사람을 죽임.

4. 1910년의 국권 강탈 이후 1945년 해방되기까지 35년간의 시대.

5. 조의를 표하기 위해 깃봉에서 기의 한 폭만큼 내려서 다는 국기.

6. 00는 1893년 동학에 입교, 1910년 신민회에 가담했다. 1919년 상하이로 망명해 대한민국 임시정부에 참여하고 이봉창, 윤봉길 등을 지휘했다. 1944년 임시정부 주석에 선임되었다. 1948년 국제연합이 남한 단독 선거를 실시한다는 내용을 결의하자, 남북한 협상을 통해 통일정부를 수립하자고 주장했다. 1949년 안두희에게 암살당했다.

8. 사람을 죽이거나 상처를 입힘.

9. 나랏일을 근심하고 염려하는 사람.

11. 조선 영조 때 백성의 세금 부담을 줄이기 위해 만든 납세 제도. 종래의 군포를 두 필에서 한 필로 줄이고, 다른 것에서 부족한 세금을 보충했다.

세로

1. 도덕이나 이성, 문명이 쇠퇴하고 세상이 어지러운 시기. 흔히 유럽 중세 시대를 '000'라고 부른다.

2. 일제강점기 때 베를린 올림픽대회 마라톤의 우승자 손기정 선수의 가슴에 달린 일장기를 지운 사진을 신문에 게재한 사건.

3. 메이지유신 이후 사용된 일본군의 군기.

5. 이른 아침 불시에 적을 침공함.

6. 000(1851~1894)은 조선 고종 때의 정치가. 근대 부르주아 혁명을 지향한 급진 개화파의 지도자로 갑신정변을 주도했다. 정변 실패 후에 망명했으나 1894년에 중국 상하이에서 자객 홍종우에게 살해되었다.

7. 벗을 사귐. 또는 그 벗.

10. 나라에 큰 공이 있는 사람이 죽었을 때 국비로 장례를 치르는 일.

12. 통역을 맡아서 하는 관리.

가로

2. 불교에서 멀리 서쪽에 있다고 하는 이상향.

4. 조정래의 소설 《태백산맥》의 무대로 유명해진 지역. 일제강점기 때 전남 보성과 고흥 일대의 물산을 수탈하기 위한 본거지였다. 특산물은 꼬막.

7. '000000'은 제2차 세계대전 당시 일본이 여러 아시아 국가를 침략하며 내세운 정치 슬로건. 군국주의에 반대하던 분석 철학자 기요시 미키가 제창한 개념이지만 일본 제국주의자들이 적극 활용했다.

8. 1941~1945년에 일본과 연합국 사이에 벌어진 전쟁. 일본의 진주만 기습으로 시작되었다.

11. 000은 농민계몽, 농촌부흥운동을 벌였다. 1929년 농촌부흥운동을 펼치다가 일제의 주목을 받아 1930년 만주로 망명했다. 1932년 홍커우 공원에서 열린 전승축하 기념식에 폭탄을 던졌다. 거사 직후 붙잡혀 총살형으로 순국했다.

세로

1. 17~18세기에 유럽에서 일어난 합리주의적 개화 운동. 중세시대의 인습과 편견에서 벗어나 자율적이고 합리적으로 판단하는 능력을 갖추게 하기 위한 운동.

2. 1908년 전국의 의병들이 서울에 주둔한 일본군을 물리치려 연합해 실행한 작전.

3. 무력으로 쳐 없앰.

5. '쇠뿔을 바로 잡으려다 소를 죽인다'는 뜻의 사자성어. 잘못된 점을 고치려다 그 방법이나 정도가 지나쳐 오히려 일을 그르침.

6. 자기 권한 밖의 일에 관여함.

9. 품행이 천박하고 못된 짓을 일삼는 사람을 속되게 이르는 말.

10. 000은 1932년 1월 도쿄에서 관병식을 마치고 돌아오던 일본 천황 히로히토에게 수류탄을 던졌으나 실패하고 검거되어 순국했다. 당시 침체되었던 독립운동에 새로운 전기를 마련해주었다.

가로

1. 1919년 2월 8일 일본 도쿄에서 조선 유학생들이 발표한 독립선언. 일본 유학생 최팔용 등을 중심으로 독립선언식을 치렀으나 일본 경찰의 강제 해산으로 실패했다.

4. 일본 제국이 세운 만주국에 상주한 일본의 군부대. '산해관(山海關)의 동쪽에 주둔한 일본군'이라고 해서 붙여진 이름이다.

7. 1943년 미국, 영국, 중국 등의 대표가 이집트 카이로에서 제2차 세계대전에 대해 의논한 내용을 발표한 공동선언. 우리나라의 독립에 대해 최초로 논의한 국제 회담이었다.

9. 어려운 관문을 통과해 크게 출세함, 또는 그 관문을 이르는 말.

10. 술을 마시는 자리.

11. 1904년 일본의 조선 황무지 개간권 요구에 대항하기 위해 조직된 항일단체. '보민회'라고도 불렀다.

12. 1889년에 함경 감사 조병식이 흉년을 당해 일본에 대해 미곡 수출을 금지시킨 사건.

세로

2. 국권이 침탈된 1910년 이후에 국내외에서 항일 무장투쟁을 벌인 군사 조직을 통칭하는 말. 국내와 만주·연해주 등에서 수많은 조직이 활동했다.

3. 법정에서 증인 또는 감정인이 진실을 말할 것을 맹세하는 일.

5. 인도의 시성 타고르가 식민통치의 암흑 속에서 신음하던 우리 민족이 과거의 영광을 되찾고 다시 빛을 발하게 되리라는 메시지를 담아 쓴 시.

6. 중국 당나라 때 관리를 선출하던 네 가지 기준을 이르는 말.

8. 일제강점기의 시인, 소설가, 건축가. 본명은 김해경. '00'이라는 이름으로 연작시 〈건축무한육면체〉를 발표했다. 1934년 시 〈오감도〉를 연재하다가 독자들

	1		2		3			
4	5							6
			7		8			
	9						10	
				11				
		12						

의 비난으로 중단했다. 소설 〈종생기〉, 수필 〈권태〉 등을 썼다.

10. 마음속에 품고 있는 여러 가지 생각을 말함.

11. 임금의 나이를 높여 이르는 말.

한일기본조약

1965년 6월 22일 한국과 일본 사이에 조인된 대한민국과 일본국 간의 기본관계에 관한 조약과 이에 부속된 4개의 협정.

연합군의 중개로 1952년 2월부터 이승만 정부와 일본 사이에 제1차 본회담이 시작되었다. 그 후 1960년 4·19혁명, 1961년 5·16군사정변으로 몇 번 중단되었으나 5차 회담까지 진행되었다. 군사정부는 한일회담을 타결시키기 위해 노력했고, 1961년 10월에 제6차 회담을 진행했다. 대일 청구권 문제와 평화선, 법적 지위 문제가 타협점에 도달해 메모를 교환하였다.

그 후 한국 내에서 1964년 학생 시위에 이어 회담 반대운동이 거세게 일어났으나 1965년 2월 기본조약의 가조인을 함으로써 완전 타결되었다. 그러나 청구권 문제·어업 문제·문화재 반환 문제 등에서 한국 측의 지나친 양보가 큰 논란이 되었다. 2005년 한일협정 문서가 일반인에게 공개되었다.

한일기본조약에 사인하는 손

〈평화의 소녀상〉

〈평화의 소녀상〉은 일본군 위안부 문제 해결을 위한 수요집회 1000회를 맞은 2011년 12월 14일 한국정신대문제대책협의회(정대협)가 중심이 된 시민 모금으로 서울 종로구 일본대사관 앞에 처음 세워졌다. 일본군 '위안부' 문제 해결을 촉구하는 의미에서 세운 동상이다.

이 소녀상은 높이가 130센티미터이며 치마저고리를 입고 짧은 단발머리를 한 소녀가 의자에 앉은 채 일본대사관을 응시하고 있는 모습을 하고 있다. 이는 일본군 위안부 피해 할머니들이 일본군에 끌려갔던 14~16세 때를 재현한 것이다. 또 소녀상의 옆에는 빈 의자 하나가 놓여 있는데, 이는 할머니들의 고통에 공감해 보라는 뜻을 담고 있다. 2019년 일본 최대 국제예술제인 아이치 트리엔날레에서 일본 내 극우 세력의 압박에 의해 〈평화의 소녀상〉이 출품된 기획전이 중단되었다.

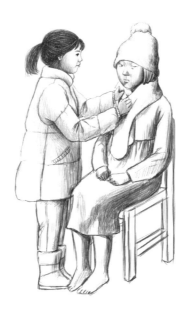

〈평화의 소녀상〉에
목도리를 둘러주는 소녀

가로

3. 나라를 위하여 목숨을 바침.

4. 1909년 신민회는 독립군 기지 건설을 위한 부지를 찾기 위해 이동녕 등을 만주에 보냈다. 그 후 1911년 중국 지린성에 신흥 강습소를 설립했다. 1919년 유하현 일대로 이전하면서 000000를 설립했지만 1920년 일제의 탄압으로 폐교되었다. 2,100여 명의 독립군을 배출했다.

7. 낡아서 못 쓰게 된 것을 개혁하여 없앰.

9. 조직이나 계획 따위를 산산이 무너뜨리거나 흩어지게 함.

10. 옷을 죄다 벗은 알몸뚱이.

12. 군대가 주둔하는 곳.

14. 호는 약산, 1898년 경남 밀양 출생. 1919년 의열단을 조직해 일제 요인 암살 등 무정부주의적인 투쟁을 했다. 1942년 광복군 부사령관에 취임했으며, 1944년 임시정부에서 활동했다. 1948년 월북해 고위직에 올랐지만 1958년 김일성을 비판했다는 이유로 숙청되었다.

16. 고종 18년에 새로운 문물제도를 견학하기 위해 일본에 파견된 시찰단.

세로

1. 1884년 임오군란 이후 청에 의지하려는 보수파에 불만을 품은 급진개화파가 일본의 힘을 빌어 일으킨 정변.

2. 1896년부터 고종과 대한제국 정부가 주도한 개혁. 고종황제의 연호인 '00'를 따서 '00개혁'이라고 부른다.

3. 자신이 믿는 종교나 신앙 때문에 박해를 받아 목숨을 잃게 되는 일.

6. 북태평양에 있는 미국의 주. 주도는 호놀룰루. 북태평양 동쪽의 000제도로 구성된다.

8. 개별적인 이해관계에 따라 따로 갈라진 사람의 집단.

1		2			3		
4							
	5					6	
	7	8			9		
		10	11				
12	13						
				14		15	
16							

11. 밑천을 많이 가지고 크게 하는 장사. 또는 그런 장수.

13. 개화기에 청의 선진 문물을 견학하고, 미국과의 수교 문제에 관해 사전 조율하기 위해 중국에 다녀온 사신단(1881~1882).

15. 벌 떼처럼 떼 지어 세차게 일어남.

가로

2. 독립운동가 겸 승려이자 시인으로 호는 만해. 일제강점기 때 시집 《님의 침묵》을 출간해 저항문학에 앞장섰고, 불교를 통한 청년운동을 강화했다.

4. 고종의 왕비. 민씨 일가를 기용해 세도정치를 펼쳤고, 청나라와 러시아를 끌어들여 일본을 견제했다. 친일 급진개화파의 개화정책에 제동을 걸었다가 일본 낭인들에게 암살당했다.

6. 네 방향을 맡은 신. 동쪽은 청룡, 서쪽은 백호, 남쪽은 주작, 북쪽은 현무로 상징된다.

8. 변법00운동은 청일전쟁 패배 후 절충적 개혁인 양무운동의 한계를 느끼고 캉유웨이 등이 중심이 되어 청나라 전반의 제도를 근본적으로 개혁하고자 한 운동.

10. 나철이 1909년에 창시한 민족 고유의 종교. '00'이란 한얼님(하느님)이 이 세상을 널리 구제하기 위해 사람이 되어 내려오셨다는 뜻이다. 000는 단군을 섬기며, 삼신일체설을 믿는다.

12. 조선 후기에 우편 업무를 맡았던 관청.

14. 0000이란 1920년 일제가 대규모 병력을 간도로 보내, 독립군을 토벌한다는 명목으로 그 지방에 살던 무고한 한국인을 대량 학살한 사건이다.

세로

1. 황제의 명령.

3. 경기 양평군 용문산에 있는 신라시대의 절. 마의태자가 망국의 한을 품고 금강산으로 들어가다 이곳에 심었다는 은행나무가 있다.

5. 황제의 자리를 이을 황제의 아들.

7. 공이 있는 자에게는 반드시 상을 주고, 죄가 있는 사람에게는 반드시 벌을 준다는 뜻의 사자성어.

9. 병력이 강하고 영토가 넓어 힘이 센 나라.

1					2	3	
4		5					
						6	7
		8	9				
			10		11		
	12						
13							
14							

11. 세속 오계의 하나로, 벗을 사귈 때는 믿음으로 사귀어야 함을 이르는 말.

13. 두 사람이나 국가 사이를 헐뜯어 서로 멀어지게 함.

가로

1. 한 국가가 자국 영토 내에서 주권을 행사할 수 없게 되었을 때 타국 영토에 망명해 세운 정부.

4. 싸움에 져서 망함.

6. 상관을 도와 일을 처리함.

9. 조선, 대한제국의 관료이자 독립운동가, 정치인. 호는 성재. 한일합방 후 독립운동에 투신해 가족과 함께 만주로 망명했다. 1919년 4월 임시정부 수립에 참여했다. 대한민국 제1대 부통령을 지냈다.

10. 1923년 9월 1일 일본 대지진 당시 일본 관헌과 민간인들이 한국인과 일본인 사회주의자를 학살한 사건.

12. 1896년에 스웨덴의 화학자 00의 유언에 따라 주는 상. 의학, 화학 등 다양한 분야에서 인류의 복지에 공헌한 개인이나 단체에 주어진다.

13. 일정한 소작료를 지급하며 다른 사람의 농지를 빌려 짓는 농사. 또는 그런 농민.

세로

2. 정치, 사상, 의식 따위가 타락함.

3. 청산리 전투를 승리로 이끈 독립운동가. 호는 백야. 1889년 충남 홍성 출신으로 신민회에 가입해 활동하다가 일제의 침략이 본격화되자 만주로 건너가 독립운동을 했다. 홍범도 장군과 함께 1920년 청산리 전투를 이끌었다. 1930년 중국 흑룡강성 산시역 부근에서 공산주의자 박상실의 총에 맞아 41세의 나이에 세상을 떠났다.

5. 이미 망해 없어진 나라.

7. 겉으로는 비슷하지만 속은 완전히 다름. 또는 그런 것.

8. 묵은해를 보내고 새해를 맞음.

10. 관례, 혼례, 상례, 제례를 아울러 이르는 말.

11. 큰 차이 없이 거의 같음.

가로

1. 일제강점기 때 중국에서 우리나라의 독립을 위해 일본에 대항하던 군대. 1940년 에 충칭에서 창설되었으며, 총사령관에 지청천, 참모장에 이범석이 취임했다.

3. 1945년 8월 15일 일본이 항복하자 북위 38도 이남의 남한에 주둔한 미군이 설 치한 군정청.

5. 유신 체제에 반대해 1979년 10월에 부산과 마산을 중심으로 대학생과 시민이 일으킨 민주화 운동.

7. 학식이 많고 깊은 사람.

8. 윗사람이 아랫사람에게 물건을 줌.

9. 무김치의 하나. 통째 또는 크게 썬 무를 잠깐 절여 국물을 흥건하게 해 심심하 게 담근 김치.

10. 거의 죽을 뻔하다가 도로 살아남.

세로

2. '땅에 엎드려 움직이지 않는다'는 뜻의 사자성어. 주어진 업무를 처리하는 데 몸 을 사리는 것을 비유적으로 이르는 말.

4. '무리 지어 있는 닭 가운데 한 마리의 학'이라는 뜻으로, 많은 사람 가운데서 뛰 어난 한 사람을 이르는 말.

6. 항우 같은 장사라는 뜻. 힘이 아주 센 사람을 비유적으로 이르는 말.

7. 1970년대에 국제 석유 가격 상승으로 인한 세계적 혼란. 아랍 산유국의 석유 무 기화 정책과 1978년의 이란 혁명이 원인이었다.

8. 육군사관학교 11기생들이 주도해 비밀리에 결성한 조직. 고 전두환의 쿠데타 가 성공해 군부 정권을 지탱할 수 있게 한 조직.

가로

1. 구한말 유학자이자 독립운동가로 호는 백암. 〈황성신문〉 주필로 활동했고 〈대한매일신보〉 등 여러 신문과 잡지에 논설을 썼으며, 비밀 조직인 신민회에 가입해 활동했다. 1912년에 '동제사'라는 조직을 만들어 독립운동을 했다. 《한국통사》를 썼다.

3. 함경남도에서 강원도, 경상도 동쪽을 남북으로 뻗은 산맥. 금강산·설악산·오대산 등이 이 산맥에서 뻗어 나왔다.

7. 해산할 때 짧은 간격을 두고 주기적으로 반복되는 배의 통증.

9. 00000는 서재필 등이 중심이 되어 설립한 독립협회가 행한 정치 활동의 하나로 시민·단체회원·정부관료 등이 참여한 대중 집회. 자주 외교와 국정 개혁을 주장하며 성과를 보였지만, 보수 세력에게 탄압을 당했다.

12. 외부에 드러내서는 안 될 중요한 비밀.

14. 일본의 인권변호사. 1919년 2.8 독립선언의 주역인 최팔용 등의 변호를 맡았다. 천황 암살 모의로 체포된 박열의 변론을 맡기도 했다.

17. 문화의 산물. 곧 정치·경제·종교·예술·법률 등 문화에 관한 모든 것을 통틀어 이르는 말.

세로

2. 가르침을 받은 은혜로운 스승.

4. 〈000〉은 1930년 10월 20일자로 창간된 소년소녀 과학잡지로, '백두산이학회'가 주관했다.

5. 잘난 체하며 남을 업신여기는 데가 있음.

6. 배를 부리는 일을 직업으로 하는 사람.

8. 1880년 변화하는 국내외 정세에 대응하기 위해 국내외 군국기무를 총괄하는 업무를 관장하던 정1품아문 관청.

10. 국가나 사회를 구성하는 일반 국민. 피지배 계급으로서의 일반 대중.

11. 같은 나라 또는 같은 민족을 다정하게 이르는 말.

13. 정오(正午)부터 밤 열두 시까지의 시간.

15. 조선 시대에 관아에서 차와 술대접 등 잡일을 맡아 하던 관비.

16. 마을이나 지방, 산천, 지역 따위의 이름.

고노 담화

1993년 8월 고노 요헤이 당시 일본 관방장관이 일본군 위안부에 대한 일본군과 군 당국의 강제성을 인정한 담화이다. 고노 관방장관은 위안소는 당시 군 당국의 요청에 의해 설치된 것이며, 위안소의 설치와 관리, 위안부 이송에 구 일본군이 관여했다고 발표했다. 또 일본군 위안부들에게 사과와 반성의 마음을 올린다고 밝혔다.

고노 요헤이의 연설하는 모습

일본회의

1997년에 창립된 일본 최대 규모의 극우 단체이다. 천황제 부활과 야스쿠니 신사 참배를 촉구하고 외국인 참정권을 반대하는 등 일본 극우세력의 총본산 역할을 하고 있다. 2003년 유사시 자위대의 활동을 규정한 유사법제를 정비했고 2006년 애국심을 강조하는 신교육기본법을 제정한 바 있다. 전국 47개 도도부현(광역 지자체)마다 본부가 있고 228개의 지부를 두고 있으며, 회원 수는 약 3만 5,000명으로 알려져 있다. 특히 일본회의는 발족과 동시에 '일본회의 국회의원 간담회'란 산하 조직을 설립해 두고 있는데, 이 조직에는 2020년까지 집권했던 아베 내각과 자민당 거물들이 많이 가입되어 있다.

항해하는 자위대 군함과 욱일기

가로

2. 1950년 9월 맥아더 장군의 지휘 아래 국군과 유엔군이 인천에 상륙해 전개한 군사작전. 이 작전으로 한국전쟁의 전세가 바뀌게 되었다.

4. 이 날 저 날 하고 자꾸 기한을 미루는 모양.

6. 그리스 신화에 나오는 최초의 여성. 인간으로 태어난 000가 온갖 불행을 가둬 둔 상자를 호기심에 못 이겨 여는 바람에 인류의 모든 불행이 시작되었다고 한다.

7. 이익과 손해를 아울러 이르는 말.

11. 일본군 '위안부' 문제의 피해를 상징하는 상징물.

세로

1. 사람이나 짐승을 참혹하게 마구 죽임.

2. 공산주의 국가에서 인민에게 공개 형식으로 진행된 재판. 무법적으로 자행된다.

3. 한국의 노동운동을 상징하는 인물. 봉제 노동자의 열악한 노동조건 개선을 위해 노력하다가 1970년 11월 청계천에서 노동자는 기계가 아니라고 외치며 분신했다.

4. 1961년 대위로서 5·16군사정변에 가담했다. 6·7·8·9대 국회의원을 거쳐 대통령 경호실장이 됐지만 재임 중 중앙정보부장 김재규에게 저격당해 사망했다.

5. 대한민국 시인이자 수필가. 주요 작품으로 수필 《은전 한 닢》, 《인연》 등이 있으며 시집으로 《서정소곡》 등이 있다.

8. 어떤 글이나 말 또는 사건 따위의 내용에 대해 논하여 비평함.

9. 깊이 생각해 충분히 의논함.

10. 타인의 죽음에 대해 슬퍼하는 뜻을 드러내 상주를 위문함.

가로

1. 일정한 자릿수를 기준으로 4까지는 버리고 5부터 윗 단위로 올리는 것. '반올림'의 이전 말.
3. 1921년에 우리말과 글을 연구하기 위해 만든 단체. 장지영·이윤재·최현배 등이 중심이 되어 활동했으며, 잡지 〈한글〉을 만들고 《조선어 사전》 편찬을 시작했다. 8·15 광복 후에 '한글학회'로 이름을 바꾸었다.
5. 묵은 제도나 조직을 고쳐서 새로운 사회를 세우고자 하는 단체.
7. 이름이 널리 알려져 있지 않음. 00 가수.
8. 냄새 따위가 아주 심하게 나는 상태.
9. 출세해 이름을 세상에 떨침.

세로

2. 1960년 4월에 학생을 비롯한 국민들이 이승만 자유당 정부의 독재와 부정부패에 항의해 벌인 민주 항쟁. 4월 19일 절정에 달했으며, 4월 26일에 이승만 대통령이 하야하면서 자유당 정권이 붕괴되었다.
4. 학생들이 교내 문제나 정치, 사회 문제 따위에 관해 일으키는 활동이나 투쟁.
6. 여러 말을 늘어놓지 않고 바로 요점이나 본문제를 중심적으로 말함.
7. 1971년에 발굴된 벽돌 무덤. 충남 공주시 금성동에 있는 백제 00왕의 무덤.
8. 이러지도 저러지도 못하는 어려운 처지를 이르는 말.

가로

1. 재산의 소유 정도가 유산 계급과 무산 계급의 중간에 놓인 계급.
2. 봉건적인 제도나 사상을 탈피해 근대적인 제도나 사상을 받아들여 근대화를 이룩하고자 하는 사상.
4. 대한민국 제5~9대 대통령. 1961년 5·16 군사정변을 주도했다. 18년 5개월간 장기 집권하다가 1979년 10월 26일 저격당하여 사망했다.
5. 없는 사실을 꾸며 만들어냄.
6. 전두환 정부 당시인 1980년 신군부 주도 하에 신문·방송·통신을 통폐합한 사건.

세로

1. 제3~4공화국 때, 국가의 안전 보장에 관련된 정보와 보안, 범죄 수사에 관한 사무를 맡아보던 기관. 1961년에 설치되었다가 1981년에 국가안전기획부로 명칭이 바뀌었다.
2. 이치에 맞지 않는 엉뚱하고 쓸데없는 말이나 행동을 낮잡아 이르는 말.
3. 1966년 한국비료공업주식회사가 정부 정치자금과 관련해 건설자재로 가장해 사카린을 대량 밀수입한 사건. 국민들의 비난이 심해지자 이병철이 한국비료를 국가에 헌납했다.
6. 말을 잘하는 재주나 솜씨.
7. 처음부터 끝까지 훑어 읽음.

가로

1. 성과 본이 같은 일가붙이끼리 모여서 하는 모꼬지.

3. 한국의 정치가. 아홉 번의 국회의원을 지냈으며, 1992년 14대 대통령 선거에 당선되어 문민정부를 출범시켰다.

5. 사람의 생김새와 옷차림.

6. 사실에 토대를 두어 진리를 탐구하는 일. 정확한 고증을 바탕으로 하는 과학적·객관적 학문 태도를 이르는 것으로, 조선 시대 실학파에 큰 영향을 주었다.

8. 어떤 수나 양을 두 번 합한 만큼.

9. 1970년에 박정희 대통령의 제창으로 시작했다. '잘 살아보세'라는 구호를 바탕으로 빈곤퇴치와 지역 사회 개발을 도모한 운동.

세로

2. 일제강점기 당시 반민족 친일 행위를 한 한국인의 목록을 정리·수록한 사전.

3. 김 위에 밥을 펴놓고 여러 재료들로 소를 박아 둘둘 말아 싸서 썰어 먹는 음식.

4. 서너 사람 또는 대여섯 사람이 떼를 지어 다니거나 무슨 일을 함. 또는 그런 모양.

7. 중생대 쥐라기 시대에 살았던 조류 최고의 조상으로 추정되는 화석 동물.

8. 여러 사람이 서로 자신의 주장을 내세우며 상대편의 주장을 반박함.

가로

1. 북한의 주석. 본명은 김성주로 평안남도 대동군 출생. 항일 무장투쟁 활동을 거쳐 1945년 소련군 소좌가 되었다가, 해방되자 평양에 가서 소련군의 후원 하에 북한의 권력을 장악했다. 1950년 한국 전쟁을 주도했고, 이후 자신의 권력을 강화했다. 1980년대에 이르러 아들 김정일의 후계 체제를 구축한 뒤, 1994년 사망했다.
3. 어떤 일과 더불어 생김.
5. 가운데가 잘록한 호리병 모양의 유리로 만든 시계. 안에 모래를 넣어 떨어뜨려 시간을 잴 수 있다.
7. 조선 시대에 양반과 평민의 중간에 있던 신분 계급. 기술직이나 사무직에 종사하던 사람들로 구성되어 있다.
8. 야만스러운 행위.
9. 타국의 영토 안에 있으면서도 그 나라 국내법의 적용을 받지 않는 국제법상의 권리.
11. 재난을 피해 거처하는 곳.
12. 같은 편끼리 하는 싸움.
13. 법을 수호함.

세로

1. 1973년 8월 8일 일본 도쿄에서 한국 야당 지도자 OOO이 납치되어 한·일간 외교 문제로까지 비화된 사건.
2. 예수의 어머니를 이르는 말.
4. 1948년, 일제강점기에 민족을 배신한 행위를 한 사람들을 소급 입법에 의해 처벌할 수 있도록 한 특별법.
6. 의자왕 20년에 나당 연합군이 백제로 쳐들어오자, 결사대 5천 명을 이끌고 황

1		2				3	4
		5			6		
7							
						8	
9		10					
				11			
	12						
					13		

산벌에서 신라 장수 김유신과 맞선 백제의 장수.

10. '한 번 실패했지만 힘을 회복해 다시 쳐들어옴'을 이르는 사자성어.

11. 난리를 피하여 옮겨 감.

정답

가로세로 낱말 퍼즐 : 한국사편 시즌2

정답 8×8

Q1

	아	리	랑			사	이
박	열						범
	대		교		신	돌	석
		중	화	사	상		
		국			범	인	
	쇄	국	정	책		의	
		민		사	대	예	
공	산	당			사	지	

Q2

김	동	인			군	주	제
		인		지		웅	암
		지	청	천			리
				명	석		서	학
		참			호		살
필	사	즉	생	필	생	즉	사
연			사				건
			해	어	지	화	

Q3

흥	선	대	원	군			
		한					강
		제	국	주	의		화
만	주	국			거	문	도
	렴						조
			간	도	협	약	
메	이	지	유	신			
			배	우	자		

Q4

	러				신	민	회
한	일	합	병		탁		
	전				통	감	
	쟁	점	화		치		
			무				
퇴			십	시	일	반	
청	천	백	일			상	도
			홍	범	도		

Q5

		이	토	히	로	부	미
부	전	승		로		마	
		훈		시			
				마	방	진	
	나	철			정		
	가				환	장	
을	사	오	적			지	
	키		요			연	변

Q6

				을			을
헤	이	그	특	사			미
	승			조	삼	모	사
	만		밀	약			변
		사	정				
서	재	필			대		
		귀		갑	오	개	혁
		정				항	

Q7

유	관	순				태	
비		종	이		상	극	
무			동			기	어
환			휘	장			니
	삼						스
반	일		아	나	키	스	트
	운			혜			베
윤	동	주		석			델

Q8

시	모	노	세	키	조	약	
화						육	
	서	태	후			강	화
		평				식	
	청	천	벽	력			
		국			별	기	군
양	무	운	동			우	
		동			최	제	우

정답 8×8

Q9

고	종	■	■	독	립	신	문
립	■	■	■	■	■	채	
무	■	■	■	안	창	호	■
원	조	■	체	득	■	■	■
■	선	열	■	불	■	옹	■
■	총	■	■	연	해	주	■
■	독	립	문	■	■	■	■
■	부	■	무	장	투	쟁	■

Q10

독	■	유	교	■	안	중	근
립	■	네	■	■	■	용	■
군	■	스	■	■	■	■	경
가	네	코	후	미	코	■	교
■	■	■	지	■	스	키	장
■	나	■	산	■	모	■	■
■	운	■	■	■	스	모	■
김	규	식	■	■	■	자	■

Q11

청	산	리	전	투	■	■	■
일	■	■	정	한	론	■	■
전	봉	준	■	인	■	■	■
쟁	■	동	학	■	애	국	가
■	■	■	도	■	국	■	■
유	■	관	병	■	단	심	가
랑	■	■	■	자	■	■	■
민	족	자	결	주	의	■	■

Q12

아	관	파	천	■	미	군	정
편	■	■	도	■	■	함	■
전	■	■	교	주	■	도	동
쟁	의	■	■	시	■	■	학
■	금	의	상	경	■	■	농
포	부	■	■	■	■	■	민
도	■	■	찰	■	코	■	운
청	■	브	나	로	드	운	동

Q13

암	살	■	■	■	■	일	■
흑	■	욱	■	■	■	장	■
기	■	일	제	강	점	기	■
■	조	기	■	■	■	말	■
김	구	■	교	■	■	살	상
옥	■	■	우	국	지	사	■
균	역	법	■	장	■	건	■
■	관	■	■	■	■	■	■

Q14

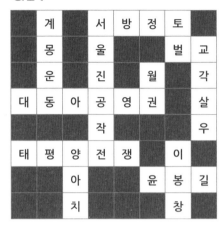

■	계	■	서	방	정	토	■
■	몽	■	울	■	■	벌	교
■	운	■	진	■	월	■	각
대	동	아	공	영	권	■	살
■	■	■	작	■	■	■	우
태	평	양	전	쟁	■	이	■
■	■	아	■	■	윤	봉	길
■	■	치	■	■	■	창	■

Q15

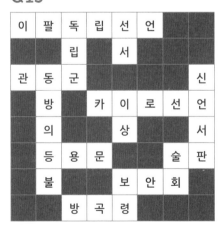

이	팔	독	립	선	언	■	■
■	■	립	■	서	■	■	■
관	동	군	■	■	■	■	신
■	방	■	카	이	로	선	언
■	의	■	■	상	■	■	서
■	등	용	문	■	■	술	판
■	불	■	■	보	안	회	■
■	■	방	곡	령	■	■	■

Q16

갑	■	광	■	■	순	국	■
신	흥	무	관	학	교	■	■
정	■	개	■	■	■	하	■
변	■	혁	파	■	■	와	해
■	■	■	벌	거	숭	이	■
군	영	■	■	상	■	■	■
■	선	■	■	■	김	원	봉
신	사	유	람	단	■	■	기

정답

Q17

황					한	용	운
명	성	황	후			문	
		태				사	신
		자	강				상
			대	종	교		필
	우	정	국		우		벌
이					이		
간	도	참	변		신		

Q18

망	명	정	부				김
			패	망		보	좌
사		송		국			진
이	시	영					
비			관	동	대	학	살
			혼		동		
	노	벨	상		소	작	농
			제		이		

Q19

광	복	군			미	군	정
	지					계	
	부	마	항	쟁		일	
	동		우		석	학	
			장		유		
		하	사		파		
		나			동	치	미
기	사	회	생				

Q20

박	은	식		태	백	산	맥
	사				두		
거		사			산	통	
만	민	공	동	회		리	
	중		포			기	밀
오						무	
후	세	다	쓰	지		아	
		모		명		문	물

정답 8×8

Q21

			도				
인	천	상	륙	작	전		
민				태			
재			차	일	피	일	
판	도	라	지		천		
			철		득	실	
논		숙		문			
평	화	의	소	녀	상		

Q22

사	사	오	입			운	동
	일		조	선	어	학	회
	구					생	
	혁	신	단			운	
무	명		도		진	동	
령			직		퇴		
왕			입	신	양	명	
릉				난			

Q23

	중	산	층				
	앙		개	화	사	상	
박	정	희	수		카		
	보		주	작		린	
	부				밀		
					수		
	언	론	통	폐	합	사	건
	변	독			건		

Q24

종	친	회		김	영	삼
	일			밥		삼
	인	상	착	의		오
	명					오
실	사	구	시		갑	절
	전		조		론	
		새	마	을	운	동
			박			

정답 8×8

Q25

김	일	성	■	■	■	수	반
대	■	모	래	시	계	■	민
중	인	■	■	백	■	■	족
납	■	■	■	■	만	행	
치	외	법	권	■	■	위	
사	■	토	■	피	난	처	
건	■	자	중	지	란	벌	
■	■	■	래	■	호	법	

재미부터 상식까지
가로세로 낱말 퍼즐 : 상식
단한권의책 엮음 | 132쪽 | 값 8,800원

두뇌건강을 활발히 해줄 단어들을 총망라한 지식백과 같은 책. 남녀노소, 연령불문, 알아두면 무릎을 탁 치게 되는 조합들로 총 795개의 문제가 출제됐다. 쉬엄쉬엄 풀 수 있는 1단계부터 현기증이 날 만큼 빼곡한 4단계까지 구성되었다.

- -

재미부터 상식까지
가로세로 낱말 퍼즐 : 상식 시즌2
짱아찌 지음 | 95쪽 | 값 7,700원

정치·경제·군사·인물·과학·예술 등 일상생활에서 가장 자주 접하는 분야별 상식이 총망라되어 있다. 5×5로 구성된 1단계부터, 7×7로 구성된 3단계까지 다양한 난이도의 퍼즐로 독자들의 호기심과 승부욕, 성취감을 채워줄 것이다.